Liebe Eltern!

Ihre Kinder sollen Spaß am Lesenlernen haben, und dazu brauchen sie motivierende Lesestoffe. „Das kunterbunte Nilpferd" ist ein Konzept, mit dem Kinder spielerisch lesen lernen können. In vier Lesestufen steigt Ihr Kind Schritt für Schritt vom Leseanfänger bis zum fortgeschrittenen Leser auf. Dieses Buch gehört zur ersten Lesestufe. *Die Bildergeschichte ab 5* ist für Allererstleser gedacht. Mit einer kleinen Geschichte, die in Bildern und sehr kurzen Sätzen erzählt wird, werden Kinder spielerisch an das Lesen herangeführt. Und wenn die allerersten Leseschritte Spaß machen, ist Ihr Kind auch motiviert weiterzulesen, und es wird bald die nächste Lesestufe erreichen.

Prof. Dr. Maria-Anna Bäuml-Roßnagl
Institut für Schulpädagogik und Grundschuldidaktik
Ludwig-Maximilians-Universität München

Pieter Kunstreich

Bahn frei für
Willi Wildschwein

Mit Bildern vom Autor

Schneider
Buch

Die Deutsche Bibliothek – CIP-Einheitsaufnahme

Pieter Kunstreich:
Bahn frei für Willi Wildschwein : [mit zwei lustigen Rätseln] / Pieter Kunstreich.
Mit Bildern vom Autor. – München : Egmont Schneider, 2001
   (Das kunterbunte Nilpferd : Eine Bildergeschichte ab 5)
   ISBN 3-505-11444-8

Dieses Buch wurde auf chlorfreies,
umweltfreundlich hergestelltes
Papier gedruckt. Es entspricht den
neuen Rechtschreibregeln.

Der Schneider Verlag im Internet:
http://www.schneiderbuch.de

© 2001 by Egmont Franz Schneider Verlag GmbH
Schleißheimer Straße 267, 80809 München
Alle Rechte vorbehalten
Titelbild und Illustrationen: Pieter Kunstreich
Logoillustrationen und Vorsatz: Jutta Timm
Grafische Gestaltung: Uli Gleis
Rätselseiten: Dorothea Tust
Lektorat: Henriette Wich
Herstellung: Gabi Lamprecht
Satz: Hans Buchwieser GmbH, Kirchheim, 16˙ Schoolbook Reg.A
Druck: Ludwig Auer GmbH, Donauwörth
Bindung: Conzella Urban Meister, München-Dornach
ISBN 3-505-11444-8

01 02 / 8 7 6 5 4 3 2 1

Inhalt

Na warte,
Larry!

Willi Wildschwein will
heute nicht allein sein.

„Ich besuche meine
Freundin Anna.

Nichts wie los!",
freut er sich.

Was war das denn?,
stutzt Willi.

Da – schon wieder!

O nein! Larry Luchs ist hinter Anna her.
Willi Wildschwein weiß, was das bedeutet …

Na warte, Larry!,
denkt Willi.

Schnell legt er Larry
einen Ast in den Weg.

Es klappt!
„Hilfe!", brüllt Larry.

„Jetzt haut er ab",
jubelt Willi.

„Los, komm raus,
Anna", ruft Willi.

„Da… danke!",
schluchzt Anna.

Dann quiekt sie: „Igitt!
Bin ich dreckig!"

Willi grunzt: „Hm …
Ich liebe Dreck!

Meine Familie übrigens auch. Willst du sie kennen lernen?" – „Klar!", sagt Anna.

Willis Familie badet gerade im Schlamm.

Igitt!, denkt Anna.

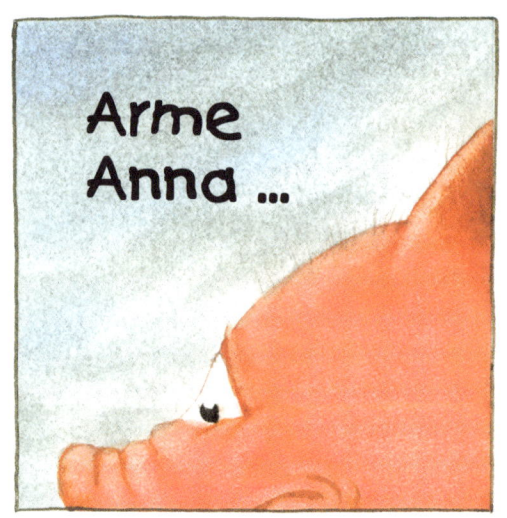

„Was hat *die* denn?",
fragen Willis Brüder.

„Nichts. Spielt ihr mit
uns?", fragt Willi.

„Klar! He, Anna, da
hinten sind Trüffel!"

„Hier?", fragt Anna.
„Aua! Ein Stein!"

„Har, har, har!",
lachen die Brüder.

„Die sind so gemein",
schluchzt Anna.

„Lasst sie in Ruhe!",
brüllt Willi.

Dann tröstet er Anna: „Sei nicht traurig.
Komm, wir gehen zu Onkel Waldemar.

Der ist viel netter
als meine Brüder."

Anna nickt. Gemeinsam
laufen sie los.

Waldemar liegt im Schlammbad. „Hallo, Willi!",
brummt er. „Ist das süße Schwein deine Freundin?"

„Ja",
sagt Willi stolz.

„Du, die anderen sind
so gemein zu Anna.

Was sollen wir nur
dagegen tun?"

„Kommt erst mal rein",
brummt Waldemar.

„Au ja!", quiekt Willi.
Das spritzt!

„Igitt!",
ruft Anna.

„Nichts wie weg
mit dem Dreck!"

„Halt! Das sieht toll
aus!", meint Willi.

Waldemar brummt:
„Super Sommersprossen!

So müssten dich
die anderen sehen."

„Wollen wir hingehen?",
fragt Anna.

„Nein, lieber nicht …
Igitt, wie ich aussehe!"

„O nein!", rufen beide
plötzlich.

Willi stöhnt: „Das darf doch nicht wahr sein!
Larry Luchs ist hinter meinen Brüdern her."

Dir werd ich's zeigen!,
denkt Willi.

Anna quiekt: „Pass auf!
Eine Gru...

be!" Zum Glück ist
Willi nicht verletzt.

„Hilf meinen Brüdern!",
ruft er nach oben.

„Klar, a… aber wie?",
stammelt Anna.

„Das ist es!",
weiß sie plötzlich.

„Igitt!", kreischt Anna
und stürzt sich in den Schlamm.

„Igittegitt!", ruft sie,
als sie rauskommt.

„Igittegittegitt!" Jetzt
wälzt sie sich im Laub.

Larry zählt: „Eins,
zwei und ..."

„Grrrrr!",
hört er da.

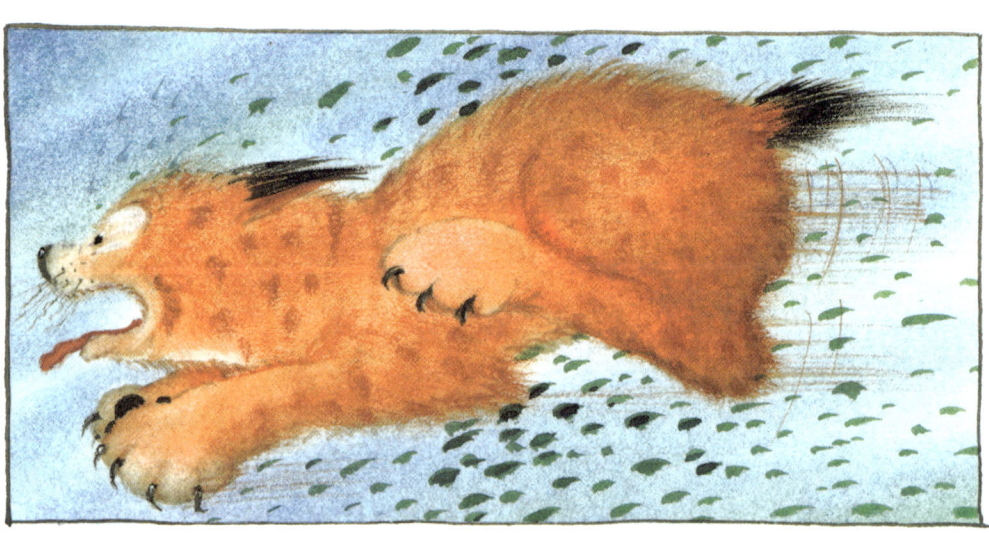

„... drei!!!", brüllt Larry und macht sich
aus dem Staub – für immer!

Endlich kann Anna
Willi befreien.

Willis Familie staunt
und ist stolz auf Anna.

Alle brüllen: „Wie schön kann doch das Leben sein,
Larry Luchs, der kriegt kein Schwein!"

Pieter Kunstreich wurde 1949 in Varel, Oldenburg, geboren und studierte an der Fachhochschule Hamburg im Fachbereich Gestaltung. Nach dem Studium begann er Buchumschläge zu gestalten und Kinderbücher zu illustrieren. 1994–1997 kam ein Lehrauftrag an der Fachhochschule Hamburg zum Thema „Einführung in die Illustration" hinzu. Inzwischen hat Pieter Kunstreich eine Fülle von Bilder- und Kinderbüchern illustriert.

Die Schweine haben ein Schlammbad genommen. Welche beiden Schweine haben das gleiche Schlammmuster?

Das kunterbunte Nilpferd

In vier Stufen spielend lesen lernen

1. Stufe
Eine Bildergeschichte ab 5

Alle Bücher mit zwei lustigen Rätseln

4. Stufe

3. Stufe

2. Stufe